城市轨道交通技术发展纲要建议
（2021—2025）

Suggestion of urban rail transit technology development outline
（2021—2025）

中国土木工程学会

中国城市出版社

图书在版编目（CIP）数据

城市轨道交通技术发展纲要建议：2021—2025／中国土木工程学会主编. —北京：中国城市出版社，2021.12（2022.11重印）

ISBN 978-7-5074-3433-0

Ⅰ.①城… Ⅱ.①中… Ⅲ.①城市铁路—轨道交通—技术发展—发展战略—研究—中国—2021-2025 Ⅳ.① U239.5

中国版本图书馆 CIP 数据核字（2021）第 251016 号

责任编辑：王　磊　杜　洁
责任校对：张　颖

城市轨道交通技术发展纲要建议
（2021—2025）
Suggestion of urban rail transit technology development outline
（2021—2025）
中国土木工程学会

*

中国城市出版社出版、发行（北京海淀三里河路9号）
各地新华书店、建筑书店经销
北京建筑工业印刷厂制版
北京建筑工业印刷厂印刷

*

开本：850毫米×1168毫米　1/32　印张：1½　字数：39千字
2021年12月第一版　2022年11月第二次印刷
定价：36.00元
ISBN 978-7-5074-3433-0
（904429）

版权所有　翻印必究
如有印装质量问题，可寄本社图书出版中心退换
（邮政编码100037）

中国土木工程学会

关于印发《城市轨道交通技术发展纲要建议（2021—2025）》的通知

为指导全国城市轨道交通的技术发展，促进我国城市轨道交通的高质量发展，在住房和城乡建设部的支持下，我会组织轨道交通分会、北京城建设计发展集团有限公司等单位编写了《城市轨道交通技术发展纲要建议（2021—2025）》，并经有关方面专家审查论证，现予发布。

在使用过程中，如有意见和建议，请及时反馈给我会轨道交通分会（电话：010-88336821，传真：010-88336868，邮箱：chinametro1979@163.com）。

附件：《城市轨道交通技术发展纲要建议（2021—2025）》

中国土木工程学会
2021 年 10 月

前　言

《城市轨道交通技术发展纲要建议》（下称《纲要建议》）是在总结我国城市轨道交通发展历程中的经验与教训的基础上，分析目前规划、设计、施工、运营和管理存在的问题，展望未来技术发展趋势，提出了下一个五年以至未来十年我国城市轨道交通的技术发展方向及重点研究的前沿理论和核心技术，以指导我国城市轨道交通的技术发展。

《纲要建议》由住房和城乡建设部支持，中国土木工程学会指导审定，中国土木工程学会轨道交通分会组织，北京城建设计发展集团牵头，分会多家理事单位参与编写。

2010年首次发布的《纲要建议》（2010—2015），是在国家"十一五"科技支撑计划重点项目"新型城市轨道交通技术"研究基础上提炼形成的，确定了"资源节约型、安全便捷型、环境友好型、技术创新型"的新型城市轨道交通发展目标，从规划、车辆及设备系统技术、综合专项技术、管理技术五个方面提出了城市轨道交通技术发展方向。之后十年间，我国城市轨道交通在"形成多层次、多制式并存的城市轨道交通体系、形成技术标准和产品标准体系、完善综合监控系统、完善风险管理理论、掌握突破车辆制造核心技术、突破掌握信号核心技术、形成网络化建设与运营管理体系"等技术发展方向上已硕果累累。

据轨道交通分会统计，截至2020年12月31日，我国城市轨道交通运营总里程约7655km，通车城市43个，通车线路246条，相较于2010年底12个城市、1418km线路的运营规模翻了5.4倍，城市轨道交通已成为具有相当规模和社会经济影响力的产业。随着社会经济的发展和新时期国家战略的发布，也对城市轨道交通发展提出了新的要求。

习近平总书记等中央领导同志高度重视城市轨道交通发展工作，多次作出重要指示。总书记指出，"要加快城市交通低碳发展，加快运量大、速度快、能效高、排放低的城市轨道交通和城际铁路建设，使之逐步成为超大、特大城市内部和城市间的骨干客运方式"。

2019年9月，国务院发布《交通强国建设纲要》，要求建设城市群一体化交通网，推进干线铁路、城际铁路、市域（郊）铁路、城市轨道交通融合发展；强化城市轨道交通与其他交通方式衔接；提高城市群内轨道交通通勤化水平；培育充满活力的市域（郊）轨道交通市场。优先发展城市公共交通，鼓励引导绿色公交出行。

2019年2月，国家发展改革委员会发布《关于培育发展现代化都市圈的指导意见》指出：都市圈是城市群内部以超大特大城市或辐射带动功能强的大城市为中心、以1小时通勤圈为基本范围的城镇化空间形态，要打造轨道上的都市圈。

2020年3月，中共中央政治局常务委员会召开会议提出，加快5G网络、数据中心等新型基础设施建设。新基建以现代科技特别是信息科技为支撑，旨在构建数字经济时代的关键基础设施，轨道交通列入其中。

2021年3月，《中华人民共和国国民经济和社会发展第十四个五年规划和2035年远景目标纲要》提出，要加快交通、能源、市政等传统基础设施数字化改造，优先发展城市公共交通，推动能源清洁低碳、安全高效利用，深入推进工业、建筑、交通等领域低碳转型。

2021年3月，《国务院关于加快建立绿色低碳循环发展经济体系的指导意见》指出，推动能源体系绿色低碳转型，提升交通基础设施绿色发展水平，将生态环保理念贯穿交通基础设施规划、建设、运营和维护全过程，打造绿色轨道交通。

城市轨道交通是具有公益属性的重要基础设施，是便民惠民的重大民生工程，一头连着民生福祉，一头连着城市发展，是引领和优化城市空间布局、改善城市居民生活品质、连接城市生产和消费、提升人民群众幸福感、获得感的重要载体，是重塑城市空间形态、增强城市承载能力、实现城市可持续发展的重要支撑。但同时，在网络一体化融合程度、安全风险应对能力、运营效率和服务水平以及财务可持续能力等方面还存在进一步提升的空间。

结合上述政策和发展需求，轨道交通分会组织编制了本期《纲要建议》（2021—2025）。提出了新时期城市轨道交通技术发展的总体发展原则：更融合、更绿色、更智慧、更高效、更安全。针对各专业领域和全生命周期各阶段提出了今后一段时期内的技术发展方向。《纲要建议》（2021—2025）共分八章，包括：总体要求、多层次融合规划、勘测技术、土建技术、车辆及工艺、机电设备、运营与维保、综合专项技术。其中综合专项技术一章包括TOD综合开发、数字城轨、RAMS、安全韧性、振动噪声综合控制。

《纲要建议》的编制难免有疏忽之处，希望城市轨道交通相关单位和同行给予批评指正，同时，随着城市轨道交通技术的快速发展，《纲要建议》的内容将会进一步得到补充完善，希望各有关单位总结实践经验，及时反馈意见。

主编单位：中国土木工程学会轨道交通分会
　　　　　北京城建设计发展集团股份有限公司
参编单位：上海申通地铁集团有限公司
　　　　　广州地铁集团有限公司
　　　　　深圳地铁集团有限公司
　　　　　南京地铁集团有限公司
　　　　　北京交通大学
　　　　　深圳大学
　　　　　北京九州一轨环境科技股份有限公司
总体策划：王汉军　于松伟　冯爱军
领衔专家：陈湘生

统　稿：冯爱军　任　静　梁青槐　叶晓平　王　冠
各章编写：
　　　　　第一章：冯爱军　于松伟　刘加华　袁敏正
　　　　　第二章：许双牛　梁青槐　贺　鹏　刘剑峰
　　　　　　　　　朱　斌　胡明伟　覃　晴
　　　　　第三章：张建全　陈大勇　任　干　徐永亮
　　　　　　　　　宋克英　姚爱敏　李芳凝
　　　　　第四章：任　静　王　琦　王　臣　曾德光
　　　　　　　　　周　敏　陈　鹏　赵晓华　段俊萍
　　　　　　　　　夏瑞萌　张宏杰　陈金科　崔　屹
　　　　　　　　　郭　婷　巫　江　张　彦　祁　佳
　　　　　第五章：郭泽阔　王　璐
　　　　　第六章：于松伟　江　琴　韩连祥　杨保东
　　　　　　　　　李　晶　李道全　闫雪燕　高莉萍
　　　　　　　　　孟　鑫　张振宇　甘建文　岳晓东
　　　　　　　　　陶宇龙　黄纯昉　江锦涛　刘圣革
　　　　　　　　　张　雄　毛　芳　陈德胜　孙名刚
　　　　　　　　　周　菁　张瀛丹　徐　文　尹晓宏
　　　　　　　　　程　鑫　张义鑫　张艳伟
　　　　　第七章：李金龙　刘加华　孟俊威　陆　静
　　　　　　　　　叶　轩　施董燕　付意庄　付义龙
　　　　　第八章：冯爱军　任　静　邵金雁　韩德志
　　　　　　　　　吕培印　丁德云　包　童　付艳斌
　　　　　　　　　张书丰　李　哲　叶俊丰　王晓亚
　　　　　　　　　孙方遒　闫宇智
审稿专家：杜彦良　尚春明　毛志兵　汤友富　杨秀仁
　　　　　黄晓家　史海欧　许再良　高　亮　何庆魁
　　　　　邢志明　刘加华　袁敏正　许巧祥　刘树亚
　　　　　杨晓强

7

目　次

1 总体要求 ··· 1
　1.1 指导思想 ··· 1
　1.2 网络规划融合化 ·· 1
　1.3 基础设施绿色化 ·· 2
　1.4 机电设备智慧化 ·· 2
　1.5 运营管控高效化 ·· 3
　1.6 系统安全韧性化 ·· 3
2 多层次融合规划 ·· 5
　2.1 网络规划 ··· 5
　2.2 控制性规划 ·· 5
　2.3 城市设计 ··· 6
3 勘测技术 ··· 7
　3.1 工程勘察 ··· 7
　3.2 工程测量 ··· 8
　3.3 工程监测与检测 ·· 9
　3.4 岩土工程 ··· 10
4 土建技术 ··· 12
　4.1 线路工程 ··· 12
　4.2 轨道路基 ··· 12
　4.3 车站建筑 ··· 14
　4.4 地下结构 ··· 16
　4.5 高架结构 ··· 18
　4.6 车辆基地 ··· 19
5 车辆及工艺 ··· 20
　5.1 谱系化标准车型 ·· 20

8

5.2 车体材料···20

　　5.3 车辆控制技术··20

　　5.4 车辆服务品质··21

　　5.5 车辆安全可靠性·······································21

　　5.6 优化维修工艺··21

6 机电设备···23

　　6.1 供电系统··23

　　6.2 通信系统··23

　　6.3 信号系统··24

　　6.4 自动售检票系统·······································25

　　6.5 综合监控··25

　　6.6 车站设备··26

7 运营与维保···28

　　7.1 运营指挥与服务·······································28

　　7.2 维护保障··29

　　7.3 既有线效能提升·······································30

8 综合专项技术··32

　　8.1 TOD 综合开发··32

　　8.2 数字城轨··33

　　8.3 RAMS（可靠性、可用性、可维修性、安全性）········35

　　8.4 安全韧性··35

　　8.5 振动噪声综合控制····································37

1 总体要求

1.1 指导思想

我国城市轨道交通的技术创新与发展,应全面贯彻落实国家交通强国和城市化发展战略,以服务人民群众出行为根本目标,坚持创新、协调、绿色、开放、共享的新发展理念,遵循网络化发展规律,在规划、勘测、设计、施工、运营、维保等全生命周期各阶段,通过不断提高城市轨道交通绿色建造和智慧运维水平、搭建城市轨道交通数字化基础平台,提升运营服务品质,有效降低建设和运营成本,减少碳排放,使我国城市轨道交通整体技术达到国际先进水平,逐步实现城市轨道交通的高质量可持续发展。

城市轨道交通技术发展的总体发展原则是更融合、更绿色、更智慧、更高效、更安全。主要技术发展方向是:

1.2 网络规划融合化

1.2.1 城市轨道交通的规划与城市国土空间规划、土地资源利用相结合,统一规划,实现土地资源、地下空间资源的分层次、集约高效综合利用,实现综合交通融合衔接。

1.2.2 轨道交通场站周边城市建设与综合交通枢纽一体化同步实施,串联起城市孤立的地下空间。协同旧城改造,重塑城市空间形态,促进城市的可持续发展。

1.2.3 构建多层次轨道交通网络,实现轨道交通网络互联互通和资源共享。结合都市圈规划,规划市域快速轨道交通系统;差异化发展经济适用的中低运量轨道交通系统,有条件时优先选择节能型地面和高架线路敷设方式。

1.3 基础设施绿色化

1.3.1 拓展以装配式技术为主的轨道交通建造技术应用场景。提升地下空间机械化建造水平，建立装配式建筑的评价机制，逐步提高车站建筑装配式比例。

1.3.2 推进车站及车辆基地建筑的绿色节能技术应用，推进绿色环保材料应用，建立绿色城市轨道交通评价标准和碳排放计算及评估标准体系。

1.3.3 开展超深埋地下工程勘测及建造技术、大跨度地下空间建造技术的研究与应用。

1.3.4 形成标准化设计、装配化施工、智能化建造的成套技术体系，实现轨道交通基础设施建设的绿色化和智能化。

1.3.5 以数字化建造为基础，形成智慧工地管理技术。

1.3.6 形成基础设施运营病害诊断、评价、治理的成套关键技术及工艺工法。

1.4 机电设备智慧化

1.4.1 大力推进智慧城市轨道交通建设，与5G、云计算、大数据、人工智能、物联网等产业深度融合，改善和优化机电设备系统配置、提高可靠度，构建基于数据驱动的轨道交通智能化机电系统。

1.4.2 完成数字化、智能化的顶层设计，开展设备制式规划，统一制式、统一标准。建立城市轨道交通数字化、智能化系列技术标准体系。

1.4.3 优化推广自主化全自动运行技术。采用车辆无线网络控制技术、多网融合技术、车车通信技术、北斗、5G通信技术、高带宽车载技术等实现列车全自动智慧运行。

1.4.4 推广弱电系统综合集成技术，逐步实现车站和机电设备智能联控、智能运行、自动化巡视。

1.4.5 推动可靠性、可用性、可维修性、安全性（RAMS）管理体系在城轨交通中的应用，优化系统配置。

1.5 运营管控高效化

1.5.1 搭建运能精准投放的调度指挥平台。实现网络运营指挥智慧化，使乘客服务、运营调度、运营设备系统、列车运行、维护维修等运营效率大幅提升。

1.5.2 构建智能化的综合服务平台。实现多元信息统一发布。研究"线上＋线下"的便利票务设施及一体化智慧安检快速通行机制。

1.5.3 打造无人值守的车站智能管控一体化平台。推广车站设备设施集约化管理和站务远程操控模式。

1.5.4 构建智能联动的安全应急处置平台。建立网络客流风险管控与应急救援体系。

1.5.5 构建设备设施综合检修管控平台。研究推广车辆及机电设备"状态修"模式，利用物联网、自动化、数字化等技术，实现基础设施和设备状态数据的自动采集、分析与维修；实现车辆调度、运行、维护、检修、试验等全过程的数字化管控；研发一批智慧运维的专用和综合检测装备及专业分析软件。

1.5.6 构建综合运营碳排放测算平台。通过提升车辆牵引电机效率、优化车站通风空调系统等措施形成低碳运营模式标准，实现综合节能，有效降低运营碳排放。

1.5.7 研究跨行政区域轨道交通互联互通运营模式，提升都市圈轨道交通线网效益。

1.6 系统安全韧性化

1.6.1 建立健全城市轨道交通系统"勘测－设计－施工－运营－维护"五个维度的安全评估体系。

1.6.2 建立多灾种的防灾体系，通过高标准保障支撑体系的建设和良好运行，提高城市轨道交通系统整体抵御突发事件和自然灾害的能力，助力城市韧性水平的提升。

1.6.3 建立城市轨道交通网络地理信息系统和安全运行监测体系，运用物联网、大数据、人工智能等前沿技术，提高设施监测、预警及处置能力。

1.6.4 建立城市轨道交通关键信息基础设施的安全保护机制，加强数据资源、重要网络和信息系统安全保障。实现"系统自保、平台统保、边界防护、等保达标、安全确保"的安全管控目标。

1.6.5 建立关键技术装备认证体系。

2 多层次融合规划

2.1 网络规划

2.1.1 利用数字城市建设成果，创新发展网络规划新理论和新方法，开展网络规划与城市协同发展程度评价。

2.1.2 发展基于居民出行、购物、通信等多源异构大数据对网络规划成果进行交通分析、评价、预测的技术；充分利用 AI 及 5G 技术，发展轨道交通规划成果的现实和前景模拟、分析、评价技术。

2.1.3 发展网络规划与城市国土空间规划相融合的理论、方法以及机制。适应都市圈发展，以"圈层为纬度、廊道为经度"作为分析城市空间布局与线网架构的基本框架，形成以轨道交通为导向的空间资源分配体系，从而构建"高效、集约、经济"的核心都市圈。

2.1.4 实施立体综合交通网络协同分析与优化，包括机场、高铁、城际、城市公共交通综合枢纽规划；市域快轨、地铁、轻轨、有轨电车等多制式城市轨道交通及地面公交的融合规划。

2.1.5 优化轨道交通网络化运行组织规划，通过分析总结线网交路组织和城市功能布局的关系，提高城市与轨道交通之间、需求与供给之间的直接匹配能力。做好通勤廊道和行车交路的拟合，研究不同层次、不同制式轨道交通系统运营模拟、分析、决策及评价技术。

2.1.6 研究多种制式轨道交通互联互通背景下车辆基地资源共享选址规划方法。

2.2 控制性规划

2.2.1 发展适合控制性详细规划阶段应用的轨道交通系统设施、

设备模拟、计算、分析技术。

2.2.2 发展轨道交通沿线土地开发利用方案构建、建模与评价技术。

2.2.3 结合周边土地利用和开发，研究提出改善高架、地面及地下敷设方式对外部影响的技术和评价方法。

2.2.4 在地区控制性规划的基础上，沿轨道线路进行控规层面的校核，从而构建轨道上的梯度职住平衡，在功能布局上形成圈层递进职住关系，降低城市整体通勤距离，提升城市运行效率。

2.2.5 统筹做好土地综合开发规划。加强用地统筹管理，建设规划阶段同步编制轨道交通沿线及站点周边土地综合开发控制性详细规划，统筹做好与国土空间规划、综合交通规划、相关专项规划等衔接，做好项目沿线及站点周边一定范围内土地预留和控制。

2.3 城市设计

2.3.1 研究城市轨道交通场站与地面建筑、地下空间、市政基础设施、其他交通系统及周边环境统筹规划、协同分析及一体化设计的措施与方法。

2.3.2 发展以GIS、BIM为基础的城市综合交通枢纽与场站城市设计中交通功能模拟、分析、评价技术。

2.3.3 发展轨道交通分期建设条件下，规划枢纽、站点区域城市设计方案模拟、分析评价技术。

2.3.4 发展城市轨道交通与地下空间综合利用规划。发展城市轨道交通车辆基地综合、立体化规划、设计技术。

2.3.5 编制相关综合开发规划，将TOD综合开发规划纳入国土空间规划和控制性详细规划图则。

2.3.6 加强轨道交通规划与城市其他专项规划的衔接，特别是市政专项设施规划的融合。统筹研究沿线廊道，集约利用城市地下空间，实现轨道交通与城市基础设施空间综合利用。

3 勘 测 技 术

3.1 工 程 勘 察

3.1.1 超深埋工程勘察技术

深入开展超深埋工程深部地层岩土工程勘察技术研究，促进技术创新，形成深部地层勘察关键技术体系；开展轨道交通工程深部地层工程物理力学特性、水文特性、工程影响及措施等技术研究，提高原位测试岩土力学参数准确度，为超深基坑等深部工程设计提供真实可靠岩土体力学参数；以减少外业钻探为目标，研发深层触探、电测标贯等新型原位测试与综合物探技术，推动勘察低碳化发展；深化勘察信息化技术应用，研发自动化技术与设备，推动勘察智慧化发展。

3.1.2 深入研究深基坑地下水作用机理

通过建立地下工程－水－土作用研究试验平台、室内数值模拟计算及现场试验等综合方法，深入研究深基坑地下水作用机理，优化基坑抗突涌验算方法，探索垂、侧向水土压力计算理论与方法；开展地下工程受地下水渗流影响及地下水位、流速和流向测试新技术研究，解决深基坑支护水土压力计算、工程抗浮设计、风险评估及地下水控制技术；开展区域地下水位变化对在建、既有地下工程影响及控制技术研究。

3.1.3 综合物探技术

通过地球物理探测技术理论的深度研究，重点要开展电法、电磁法、地震法、综合测井和跨孔CT等综合物探技术及隧道施工超前地质预报新设备、新技术研究与应用，提高物探解译精度，作为现场钻探的先导和有力补充手段，解决岩溶、断裂、地裂缝、人为坑洞、地下障碍物及隐蔽的地质界线、界面等复杂地质问题，为工程设计、施工、风险管控提供可靠的技术支撑。

3.1.4 勘察成果信息化与智能化应用

基于信息化与智能化技术，构建周边环境调查、钻探、物探、原位测试、水文地质试验、土工试验、勘察成果资料等多源数据库，形成统一的勘察数据存储及交付标准，建立工程勘察成果数字化模型，实现数据分析处理、三维地质模型展示一体化勘察大数据平台，为动态选线、数字设计、智能建造及智慧运维服务。

3.2 工程测量

3.2.1 基于移动测绘和无人机航测的地形信息快速获取技术

采用无人机航空摄影测量和三维激光扫描移动测量技术，自动获取地形地貌数据信息，提供完整、丰富、准确的信息资料，利用三维建模获得数字地面模型（DTM）、数字高程模型（DEM）等三维数字化测绘成果；基于BIM技术与三维数字化成果，研发在三维场景下城市轨道交通相关设计模块，如线路方案比选、线路坡度设计、车站选址、路基设计、土方计算等功能的快速实现技术。

3.2.2 地下管线信息管理系统和三维建模技术

发展管线管理信息系统和管线三维建模技术，实现管线信息的动态管理，可视化表达及综合利用。研究实现三维化、信息化的管线成果与BIM技术在线位站位布置、管线迁改和保护及管线综合方案的快速生成和智能比选。

3.2.3 三维激光扫描技术

研究三维激光扫描技术在地形测量、隧道超欠挖检测、限界检测、形变监测等方面的广泛应用，将三维激光扫描技术限界检测与自动调线调坡技术相结合，改变传统工作模式，提高工作效率；重点开发针对城市轨道交通行业的点云处理和设计优化技术并推广应用。

3.2.4 高精度铺轨测量技术

推动以CPⅢ铺轨精调控制网技术为代表的精密铺轨测量技

术在城市轨道交通工程中的广泛应用，提高铺轨施工精度，保证轨道平顺性，改善乘客乘降体验，减少轨道养护维修工作量；研究中低速磁悬浮轨道、城市有轨电车轨道等轨道制式及板式轨道机械化自动铺轨工艺中的测量难点，开发新的测量方法及软件，研制特殊测量工装满足精确铺轨要求。

3.2.5　高精度动态轨道几何形位测量技术

促进带有惯性导航系统(A-INS)，并辅以轨距自动感应传感器、里程计、轨枕识别传感器等多类高精度轨道几何状态测量仪在城市轨道交通工程中的应用，快速获取轨道的三维坐标及轨距等信息，提高轨道精密测量的精度、速度和信息化水平。研究和解决轨道几何状态测量仪在卫星信号遮蔽地段效率低，绝对定位精度不足等问题。研究轨道动态检测技术设备及动态性能评估方法，提升设备国产化率。

3.2.6　遥感+北斗技术

推动卫星遥感成果在轨道交通工程建设场地适应性评价、结构形变监测等方面的应用。普及以PS-InSAR技术为代表的卫星遥感变形监测技术在运营阶段城市轨道交通高架线路形变监测中的应用，以及以北斗系统为代表的卫星定位系统在城市轨道交通工程控制测量、结构和高边坡形变监测等工作中的应用。

3.3　工程监测与检测

3.3.1　智能监测技术

研究空天地三位一体的智能监测技术，即无人机LiDAR、航空摄影测量等空对地监测技术，卫星定位、卫星遥感、InSAR等天对地监测技术，微波干涉、测量机器人、近景摄影测量、三维激光扫描、移动测量车等地面监测技术；研究光纤光栅、热红外、三维自动测斜仪等结构体变形监测技术与应用；开展场景与参数适应、抗干扰、长寿命、高可靠、智能全息感知传感技术的研究与集成应用，研发复杂环境条件下高兼容性、高并发的监测数据采集处理单元硬件设施，应用适用于轨道交通工程的高速率、高稳健、智能组网无线传输系统，构建轨道交通工程在线状态多维度全息自动感知与智能监测技术。

3.3.2 信息实景化管理系统

基于 BIM 技术，结合物联网、5G 通信、云计算、大数据分析及人工智能等技术，研究自动化监测、数据与图像传输、存储和交互利用、智能分析与评估技术，以期实现监测数据的自动诊断、可视化实景、实时预警预报，全面提升预警和应急处置能力，为工程施工安全风险管控及动态设计提供技术支持。

3.3.3 智能无损检测技术

研发轨道交通结构病害智能检测技术设备，通过集成搭载三维激光扫描仪、多通道地质雷达、CCD 相机及红外设备等无损检测技术系统，一次性完成隧道线形、断面以及衬砌结构病害及背后缺陷高精度外业检测；研究智能诊断、判晰技术，自动识别结构侵限、渗漏水、空洞等各类病害特征及分布规律，提高信息采集、分析、诊断能力及效率。

3.3.4 线路设施健康检测评估诊断技术

开发轨道交通运营线路设施健康检测评估诊断系统，利用智能感知、5G 传输、云储存、多元融合等技术，建立从现场数据采集、同步传输、数据处理与结果分析评价成套技术，构建智能诊断与决策智慧运维平台，为地铁运营安全及维护提供基础数据保障。

3.4 岩土工程

3.4.1 地下水控制技术研究

基于水资源保护的地下水控制理论与技术，重点研究降水回灌技术工艺、注浆法及冻结法止水技术、深基坑悬挂式止水帷幕及降水设计方法，为保护城市地下水和周边环境安全提供技术支撑。

3.4.2 建立邻近地铁深基坑支护及地铁结构安全保护关键技术体系

深化轨道交通自身及轨道交通保护区范围内的深大基坑支护

理论与技术研究，深入开展数值计算、BIM技术在岩土工程中的应用研究，建立轨道交通岩土工程大数据库及数值模拟平台，实现参数优化、模拟分析及量化评估，构建邻近地铁深基坑支护及地铁结构安全保护关键技术体系。

3.4.3 绿色环保施工技术

结合城市轨道交通岩土工程特点，开展可回收装配式支护技术研发与应用。重点研究鱼腹梁支护技术、大直径可回收钢管桩连续墙技术、可回收预应力锚杆技术、玻璃纤维锚杆技术。开展有限空间内施工技术研究，重点研究紧邻既有建筑的支护结构与主体结构结合技术、微扰动施工技术以及低净空桩、墙、井施工技术等。

3.4.4 信息化施工

开展基于BIM＋GIS模型的施工风险管控及施工质量常见问题防治技术应用研究，利用勘察、设计、测量、监测、检测大数据体系，通过数字化施工方案设计、可视化技术交底、智能化建造及数字化交付，实现施工全过程的信息化安全质量管理。

4 土建技术

4.1 线路工程

4.1.1 基于 GIS 和手机信令等大数据信息，研究线位与城市规划指标关联度量化分析理论，建立评价方法。

4.1.2 研究基于共享轨道交通线路通道的城市物流选线理论和方法。

4.1.3 深入量化研究各种制式尤其是新制式轨道交通的线路适用条件。研究以服务中心城区通勤客流为主的市域快线线路适用条件。

4.1.4 研究基于三维地形、地质勘察、地下构筑物和管线的三维可视化条件的选线设计技术，开发相应的 BIM 应用技术。研究建立区间路基桥隧、轨道、供电等专业共用模型的线路建模数据规范技术。

4.1.5 继续推动建立线路选线与牵引计算一体化软件分析系统，通过平面和纵断面的综合模拟计算分析，提出更加节能的线路平纵断面方案。

4.1.6 基于激光雷达等自动化数据测量技术，编制自动调线调坡技术软件，通过限界测量数据的自动导入和输入各限界约束参数，实现快速准确调线调坡。

4.2 轨道路基

4.2.1 继续发展装配式轨道结构技术。推进绿色建造、装配化理念，以标准化设计、工厂化制造、机械化施工、智能化调试、互换修技术为发展方向，不断提高道床结构的装配化比例，实现研发、制造、施工、运维等一系列轨道结构绿色建造技术。

4.2.2 继续研发轨道结构智能化检测、监测技术及成套装备。

研发新型钢轨探伤、轨道检测、沉降观测、有砟轨道密实度检测等智能化检测技术及成套装备，加强对轨道设备使用过程中的状态监测。研究相对应的检测、监测评价体系和方法。

4.2.3 积极推动轨道结构智慧运维平台建设。逐步探索和建立轨道结构的智能运维体系，打通轨检车、探伤车、车辆360检测等智能化设备采集的数据库作为智慧运维的重要参数，形成常规检测、在线监测、智能诊断、自动检修计划编制等智慧运维管理平台。在传统运营维护规章制度的基础上，积极探索智慧化、科学化、标准化、规范化的城市轨道交通智能运维规则。

4.2.4 研究既有线病害形成机理。针对各种轨道病害如钢轨波磨、扣件损伤、道岔掉块、道床开裂、道床沉降、基底翻浆冒泥等，通过研究各种轨道设备病害形成的机理和影响因素，结合工厂内试验和现场实测，改进轨道设备的技术性能；提出病害预防和解决措施，尤其是快速维修方法和合理维护周期；针对可能出现的病害影响，制定对应的应急预案和快速恢复技术。

4.2.5 继续研究基于满足环保要求的减振降噪理论、技术、标准及设备。在系统分析现有地铁减振轨道设备的优缺点基础上，研发新型的减振扣件、减振道床结构及新型道床减振材料。研究将轨道结构纳入到轨道交通工程大系统中的综合减振降噪理论分析模型和工具，建立车辆、轨道、轨下基础等多元耦合体系。

4.2.6 推进 BIM＋GIS＋三维地质技术在路基中的应用。研究应用 BIM 技术进行自定义参数化路基断面、挡土墙、边坡防护、地基处理等相关设计；推进基于无人机、GIS 和 BIM 技术的路基设计技术，利用倾斜摄影与激光雷达数据、地质、钻探数据等成果，建立地表真三维模型，为工程设计提供更为完整的地形、地物、地质模型信息，形成可视化的全线土方调配，完善土方平衡利用技术。

4.2.7 研究地面线轻量化无砟轨道路基技术、轨道路基一体化设计技术。研究有轨电车、市域快轨等工程的差异化路基工后沉降控制标准，研究优化有轨电车路基的线性排水系统。

4.2.8 研究软弱土等不良地质条件下桩板式路基技术应用，开展装配化桩板式路基技术研究和实践。

4.2.9 研究车辆基地路基结构、沉降标准及控制技术。建立不同的轨道形式、基床厚度、地基土类型、设计时速、工后沉降量和原状土地基承载力的相互关系，提出基床厚度确定方法。

4.2.10 进一步研究既有线病害治理的设计、施工技术，研究不停运、分步施工等复杂条件下的改造设计及施工技术。

4.2.11 路基材料再利用绿色建造技术。研究轻质土在轨道交通回填、过渡段、薄层填料、冻胀、软土地基处理、管线处理等工况下的应用技术及成果。

4.3 车站建筑

4.3.1 完善轨道交通建筑设计标准

（1）提出车站分类分级标准。以"乘客体验"视角出发，结合人流密度与特征，以空间塑造为技术手段，进行车站的分类分级，匹配相应的车站规模、设施数量和服务功能，提升城轨车站服务水平。

（2）建立车站与城市融合的设计标准体系。协调车站及其附属设施与周围道路、建筑物、绿地景观、停车设施、公交站点、人行过街等城市公共设施的关系，提出对周边城市设计要素的控制性要求，在管控范围内按照标准细则进行引导管控。

4.3.2 推进构建站城融合的城市微中心规划设计

（1）推进车站周边交通、用地、功能、空间一体化发展的规划设计。优化城轨交通与其他出行方式的一体化衔接，完善以车站为中心的慢行网络建设，增强与周边地块的通达性。加强车站周边土地集约化利用，布局公共型、混合型、紧凑型城市功能，塑造疏密有度、层次分明的特色多元化城市空间。协调车站与周边建筑、地下空间、市政管线的关系，促进城轨设施有机融入城市系统。

（2）推进创造具有场所感和识别性的城市公共空间设计理

念。依托站点创造人性化、开放性的公共空间，推动车站空间与城市公共空间的深度融合，围绕轨道车站塑造高品质的城市公共空间，改善市民出行环境。

（3）提出适应多网融合的枢纽车站设计方法。充分考虑与干线铁路、城际铁路、市域快轨等多种交通枢纽融合衔接，确定重点枢纽场站功能定位，做好无缝换乘设计，促进资源共享、支付兼容，积极推进安检互信、票制互通，充分提升网络运行整体效率和服务水平。

（4）研究城市更新下的车站保护与升级改造设计策略。探讨如何通过既有车站的保护与升级改造，优化城市功能，改善环境质量，提升治理能力。

（5）构建远景蓝图与近期实施相结合、可有机生长的车站设计技术。依据区域、线路发展规划制定循序渐进的车站发展策略和实施方案，科学预留，分阶段实施，降低初期建设投资。

4.3.3　塑造富有活力的车站空间设计内涵

（1）将车站打造为具有形式美、秩序美、意境美的城市场所；以"乘客体验"出发，推广地铁公共艺术。

（2）推广重空间、轻装饰的设计手法，营造空间自然舒适的感受，创造整体统一、细部精美的车站空间；建设以车站为载体的多元便民服务设施体系；聚焦改善出行体验，营造"全龄化"车站环境。

4.3.4　推动消防、人防等防灾设计标准和关键技术研究

（1）推动高大车站空间的消防、人防等关键技术研究。通过创新消防、人防技术，解绑车站空间设计，为发展更具灵活性、多样性的城轨车站创造条件。

（2）研究深埋车站和既有线改造车站消防、人防关键技术。依托仿真模拟、性能化设计等技术手段强化理论支撑。

（3）完善车站防灾设计，提升风险应对能力，让车站更具韧性。深入研究复杂网络融合中应对消防、城市内涝等外部灾害工况下安全疏散及应急处置措施，加强复杂工况的管控，提升综合风险应对能力。

4.3.5 推广绿色建造技术在车站中的应用

（1）研究并推广适用于车站的装配式技术应用。逐步提高车站建筑装修装饰装配式比例。

（2）研究并推广集成化、消隐化的新型地铁四小件，如地下冷却塔和新型安全出入口等，促进车站设施更好地与城市环境融合。

（3）研究基于设备集成化、模块化的车站建筑设计。通过多专业统筹，整合设备布局，集约利用空间，压缩车站规模，降低建设成本。

（4）制定车站节能标准，研究全过程综合节能方案。采用因地制宜的原则，建立全生命周期节能体系，依据不同气候特点，优先采用被动节能技术，综合提升车站节能效益。

4.4 地下结构

4.4.1 加强研究城市地下空间水土环境保护技术。建立城市地下空间地下水土环境保护机制，将水土保护纳入地质选线控制要点，对地层加固方法及材料建立评价机制，力争工程建设期地下水土环境零污染，同时尽量保证运营期地下水土环境处于原始状态。

4.4.2 拓展以装配式技术为主的轨道交通建造技术应用场景，提升地下空间机械化建造水平，完善装配式技术及装备体系，逐步提高车站建筑装配式比例。推进暗挖法、盖挖法等主体结构装配式建造技术的研究与应用；推进轨道交通装配式内部结构、支护结构、附属结构建造技术应用，建立相应的标准及规程。

4.4.3 研究地下结构减振、抗震技术。建立轨道交通结构减振的理念，奠定其理论基础，突破关键技术，实现轨道交通结构减振设计及建造。

4.4.4 推进绿色环保新材料的研究及应用。推进地下结构基础材料的研发，在受力结构、临时支护结构、防水材料、结构减振材料等方面推进绿色环保材料的研究与应用。

4.4.5 提升盾构法应用的深度及广度并持续推进盾构机关键部件技术自主化。进一步推进异型盾构、多模盾构、多方式掘进盾构技术及装备的研究、机械法联络通道建造技术的研究、盾构扩挖建造技术研究、复杂条件下换刀及检修技术的研究、盾构非常规始发及接收技术的研究。同时进一步增强盾构对富水砂卵石地层、软硬不均等复杂地层的适应能力，增强盾构的切削能力。在盾构机加工制作技术方面，在现有国产化成果的基础上逐渐实现盾构机核心组件的国产化。

4.4.6 提升地下空间机械化建造水平。研发可提高机械化率的适用于现有工法的新型机械，或适用于现有机械的新工法。同时大力推进可实现地下空间全机械化建造的新工法及配套新机械成套关键技术的研发。分步分阶段推进地下空间的机械化建造水平，开发施工机器人。

4.4.7 继续提升BIM等信息化技术的集成应用。将施工建造步序及管理规则纳入信息化平台，逐步实现施工现场关键安全要素、绿色文明施工要素的可视化及数字化，并将上述信息纳入BIM等信息化集成平台，并在平台上搭建合理的算法，实现施工现场的智能化管控。

4.4.8 深化地下空间水土压力理论及作用机理的研究，推进材料、耐久性及抗震协同的理论及技术研究。

4.4.9 加强穿越（邻近）既有建构物技术、标准的研究。加强穿越（邻近）高铁、轨道交通既有线、综合管廊、公路隧道、市政桥梁、城市地面建筑穿越技术的研究，研究新建车站与既有车站衔接与换乘技术，提高穿越（邻近）施工的安全度及建造水平。完善既有建（构）筑物穿越（邻近）施工保护体系，建立穿越（邻近）施工技术标准评价体系。

4.4.10 推进轨道交通运营隧道病害治理成套关键技术研究。研究隧道病害机理，优化设计，建立智能化监控体系，实现轨道交通病害的精准探测、预报和智能诊断，形成适用于轨道交通运营期特点，集设计、施工及配套设备的全套病害整治技术。

4.5 高架结构

4.5.1 推进研究适合于中小运量轨道交通体系桥梁、结构体系。

4.5.2 推进城市轨道交通桥梁标准化设计、装配化施工、智能化建造成套技术研发；推进研究轨道交通桥梁桥面系标准化、整体化、装配化。

4.5.3 推进桥梁美学理念和设计方法在桥梁结构中的应用。结合轨道减振降噪研究成果，开展桥梁结构（混凝土箱梁、钢箱梁）减振降噪设计技术研究、开发新型减振降噪材料或结构；研究轻质、高强、耐久的新型材料在桥梁结构中的应用，运用艺术设计手法优化桥梁外观造型。

4.5.4 推进研发桥梁智能化、信息化检测技术和设备。推广 BIM 技术在全寿命周期内的"建养一体化"运用。研发耐久、可检测、可维护的材料、产品，降低运营检修、维护工作；研发运营线路桥梁可视化、数字化、非接触式高精度检测、检修、养护智能运维系统，形成完善的城市轨道交通高架结构检修、养护系列规程。

4.5.5 完善高架车站结构理论体系。推进路中、路侧高架车站标准化设计，研究高架车站抗震性能化设计标准及参数；对多功能一体化综合性车站结构体系及设计标准进行研究，完善综合体结构设计标准，完善结构体系的融合，在设计上探索综合体分期建造的安全与成本控制规则，形成比较统一的一体化复杂车站精细化设计方法。

4.5.6 推广高架车站绿色建造技术。基于工业化建造理念，推进高架车站工业化建造结构体系开发，探索钢结构、组合结构等多种形式的装配式高架车站结构体系的可行性及实用性。

4.5.7 对既有线车站改造及新增站点车站结构体系、设计标准、施工工艺进行应用性研究，控制结构成本及建造风险，探索既有结构与新建结构的协同的建造方法。

4.6 车辆基地

4.6.1 推进车辆基地与城市融合、与旧城改造结合的规划设计理念和技术。结合城市轨道交通线网布局，在满足各线路基本功能需求的前提下，推进车辆基地土地复合利用并与城市更新相结合；推进车辆基地厂区边界消隐及第五立面处理技术应用。

4.6.2 推进车辆基地建筑的绿色、节能、低碳技术应用。推进绿色建筑、海绵城市各项技术在车辆基地的应用。推进光伏、微型风力、太阳能发电等可再生能源利用技术应用。

4.6.3 基于FAO、智能运维等技术应用，研究城轨运维组织架构优化和成本控制机制，推进车辆基地建筑单体整合设计。

5 车辆及工艺

5.1 谱系化标准车型

5.1.1 系列化标准市域快速轨道交通车辆产品平台：市域A、市域B、市域D型车研制，设计速度等级120～200km/h。

5.1.2 系列化标准地铁车辆产品平台：标准地铁A、地铁B型车辆研制，设计速度等级80km/h、100km/h、120km/h。

5.1.3 胶轮系统产品平台：自导向轨道系统车辆、电子导向胶轮电车统型研究，设计速度等级70～80km/h。

5.1.4 单轨交通系统产品平台：跨坐式/悬挂式单轨系统统型研究，设计速度等级60km/h、80km/h、100km/h。

5.1.5 高地板六轴铰接车产品平台：高地板六轴铰接轻轨车辆研制，设计速度等级70km/h、80km/h、100km/h。

5.1.6 中低速磁浮车辆平台：标准化中低速磁浮车辆研制，设计速度等级80～160km/h。

5.2 车体材料

5.2.1 研究应用新型高强度、轻量化车体技术。

5.2.2 研究列车碳纤维材料、车厢内新型绿色材料、车辆零部件复合材料等环保材料的应用。

5.2.3 基于金属材料产品部件的服役特征和运维等全生命周期需求，推进新材料应用、材料加工成形、先进焊接、增材制造等技术在轨道交通车辆生产中的工程化应用。

5.3 车辆控制技术

5.3.1 优化推广自主化全自动驾驶技术。

5.3.2 研究车辆无线网络控制技术、控制网络融合技术，提升车辆控车效率,降低牵引能耗。

5.3.3 研究车辆电气控制技术。

5.3.4 研究及应用车车、车地、地车通信技术。

5.3.5 研究基于通信的车队控制技术。

5.3.6 研究直驱永磁同步电机牵引技术,降低牵引能耗。

5.4 车辆服务品质

5.4.1 研究智能旅客服务系统,采用智慧手段提升车辆服务品质。

5.4.2 研究及应用车内TVOC常态平衡控制技术,提升车厢空气质量。

5.4.3 研究车辆气密性关键技术。

5.4.4 研究轮轨耦合动力学分析技术,降低列车振动及噪声。

5.4.5 研究弹性车轮核心部件自主化。

5.4.6 研究胶轮与地面结构关系。

5.4.7 研究列车文化,提升景观效果和文化承载作用。

5.5 车辆安全可靠性

5.5.1 采用RAMS分析手段查找车辆的缺陷和不足,提升车辆的可靠性和安全性水平。

5.5.2 研究车线耦合动力学分析、EMC关键技术、自主化转向架平台技术、防火安全控制技术。

5.5.3 研究应用高能量密度/高功率密度的储能技术,如车载超级电容、车载氢能源等新能源技术的应用。

5.5.4 车辆应具备接触网故障和库内动车应急牵引功能。电网具备失电应急供电及单点故障跨区供电功能。

5.6 优化维修工艺

5.6.1 循序渐进提高车辆检修标准。通过城轨装备技术水平的不断提升,合理优化车辆检修制度,集中建设规模化、专业化的设施进行车辆高级别维修,缩短维修时间,逐步实现由计划修向状态修转变，提高维修效率。

5.6.2 建立以车辆关键设备在线故障监测和诊断为基础的智能运维系统。实现车载各系统数据采集、预警、远程监视及诊断分析，提高列车日常检修效率，提升上线列车整体可靠性，改进修程修制，降低列车运维成本。

5.6.3 通过集成车联网车地无线传输系统、轨旁综合检测系统、车辆检修信息化系统及综合信息大数据处理中心，构建车辆及部件实时状态监控、健康管理的多源大数据整合平台。

6 机电设备

6.1 供电系统

6.1.1 建立城市轨道交通供电系统 RAMS 与经济性的综合评价体系。借鉴国外城市轨道交通 RAMS 技术及管理经验，提升国内城市轨道交通 RAMS 技术及管理标准，完善供电智能运维方案，推进供电设备预测与健康管理技术的应用。

6.1.2 加快直流牵引整流逆变一体化技术的综合应用研究。梳理列车再生制动能量吸收方案应用综合效果，完善直流牵引供电系统方案，减少牵引供电系统谐波影响，降低供电系统运行费用。

6.1.3 推进城市轨道交通交流牵引供电关键技术及高速刚性接触网系统研发及应用。结合城市轨道交通 160km/h 及以上高速化运行需求，分析总结交流牵引同相供电不同技术方案的综合应用效果，促进交流牵引同相供电技术的发展。推进高速刚性接触网系统研发，利用弓网智能监测手段改善弓网关系。

6.1.4 基于多网融合的总体目标，加快城轨供电系统互联互通的跨线资源共享。分析研究不同供电制式切换的暂态特性，确定针对性的解决措施和工程技术方案。

6.1.5 推进绿色新能源的研究应用。推广并建立中低运量轨道交通系统储能式供电标准体系。

6.1.6 建设新一代智能供电系统。

6.2 通信系统

6.2.1 结合数字化、网络化和智能化发展方向，利用 5G、物联网、人工智能、大数据等先进信息技术，构建安全、高效、经济运行和满足乘客高质量出行需求的新一代智能通信系统。

6.2.2 组建大容量、多业务综合承载、动态带宽分配的有线传输网络，有力支撑云平台、大数据、智慧城轨等业务的应用。

6.2.3 采用基于 LTE-M 的宽带集群无线通信系统，实现与信号 CBTC 系统的综合承载。

6.2.4 研究 5G 技术在车地无线网络中的应用，适应智慧城市轨道交通大带宽、低延时等车地通信需求。

6.2.5 研究智慧多媒体调度，建立集语音、数据、图像等多媒体信息为一体的智能调度通信系统，促进技术融合发展。

6.2.6 建立基于云架构、大数据、5G 等技术的人脸识别、视频分析、智能视频感知的智能视频系统。

6.2.7 提高乘客服务的智能化水平。建设智慧乘客信息系统，实时提供智慧出行咨询、乘客诱导、车厢拥挤度、前方换乘站客流等动态信息。

6.2.8 结合北斗系统快速定位、精确授时等特点，积极跟踪北斗系统在轨道交通领域的应用及产业化进程。

6.2.9 提高通信前端摄像机、信息显示屏、扬声器等设备的集成化、智能化水平，以适应智慧城轨的需求。

6.3 信号系统

6.3.1 研究、制定城市轨道交通各种信号系统与运量等级的匹配关系，以选择合理、经济的信号系统设备。

6.3.2 加强城市轨道交通信号系统互联互通应用，实现不同城轨线路列车共线以及跨线运营场景。研制通用、开放的通信协议，推进设备标准化、模块化，实现设备系统资源共享，逐步提升线网运营能力。

6.3.3 信号系统应能在符合运营组织要求的前提下，利用车载或地面设备兼容等方式，实现不同信号制式之间的系统兼容、车辆匹配、跨线运行以及网络调度。

6.3.4 深入研究全自动运行控制系统的架构和功能设计，并能够兼容非全自动运营的需求，实现在应急情况下的多专业协同控制。

6.3.5 研究基于车－车通信的列车自主运行控制系统技术，利用虚拟编组技术，缩短行车间隔，提高线路运输能力，提升客流适应性。

6.3.6 研究网络化综合调度系统，积极推进智能化运营维护管理平台的推广应用，为运营管理和维修维护提供有力保障。

6.3.7 从列车控制层面对ATO、ATS子系统进行节能优化控制，同时利用灵活编组等运营组织方案，达到节能减排的目的。

6.4 自动售检票系统

6.4.1 系统集成与优化。城市轨道自动售检票系统架构体系中的线网清分系统、线路中心系统及多元化支付中心系统等应采用合并设置方式。

6.4.2 兼容软硬异构的体系。城市轨道交通自动售检票系统线网中心系统应采用软、硬异构方式。

6.4.3 支持多元支付的平台。以传统自动售检票系统服务为基础，提供互联网票务服务，带动互联网增值服务。

6.4.4 便捷灵活的服务体验。加快城市轨道交通移动APP系统建设，全力打造语音购票、扫码支付、刷脸支付及无感过闸等系列智能服务。

6.4.5 互联互通的票务清分。建立城市间综合清分系统，通过聚合平台实现票务收入、客流数据、统计报表等相关信息的互联互通。

6.4.6 集成一体的票务安检。研究与城市轨道交通客流相适应的票务和安检模式，实现人、票、物及异常行为等N合一的校验，推进票务、安检合一新模式建设。

6.5 综合监控

6.5.1 推进综合监控系统平台采集数据标准化，完善采集平台数据安全性。

6.5.2 优化综合监控系统的系统架构，适应不同运营调度管理模式的需求，实现多线路集中调度的网络化运营管理。

6.5.3 推进综合监控系统硬件设备云化、各应用业务软件功能微服务化应用，研究综合监控系统联动功能、应急指挥功能操作的实效性，研究综合监控系统数据库国产化应用，推广基于云架构下的综合监控系统技术应用，实现业务融合、数据整合、专业融合。

6.5.4 推进基于BIM模型的综合监控系统平台与智慧车站管控平台的融合，建立三维一体、多业务、数字化、智慧化、软硬件一体化的综合运营管控平台，满足智慧车站的建设及运营管理需求，提升智慧化水平。

6.5.5 研究系统升级改造技术实施方案，确保系统稳定运行，提高运营效率，保障运营安全。

6.5.6 积极推进综合监控系统智能运维系统软件平台的推广应用，研究综合监控系统软件平台工业化进程。

6.5.7 加快综合监控系统专业标准化体系的建设，制定综合监控系统标准接入体系。

6.6 车站设备

6.6.1 通风空调

开展设备系统集成、高效换热方式，取消轨顶风道等研究以减少通风空调设备占地面积；开展通风空调节能控制技术、冷媒直膨技术、蒸发式冷凝技术研究等以降低通风空调系统能耗；开展地铁环境舒适度、地铁空气品质研究等，持续提升地铁整体环境标准。

6.6.2 给水排水与消防

开展智慧消防给水系统物联网研究，结合城轨消防给水系统特点，分析消防给水系统传感器设置方案，提高消防泵及末端装置智慧化设计及管理手段。推广海绵城市设计的应用，提高节水设计标准。从建筑、给水排水和景观绿化等方面统筹地面高架车站以及车辆基地海绵城市设计，加强雨水渗透及回用等节水设计研究。开展车站小流量生活污水一体化处理技术，生态污水处理技术研究，解决车站周边无市政污水管网站点污水排放问题。推广车辆基地智能无线水表计量系统应用。

6.6.3 动力照明

积极采用智能开关柜、智能化数字式断路器、智能电动机保护控制器、智能母线等全系列智能元件和设备，构建全方位、全系统、精细化的监控体系，深度挖掘机电设备系统运行参数，构建智能化物联网平台，为智能运维提供翔实资产数据。

6.6.4 站台门

强化系统及关键控制部件的安全性和可靠性设计，提升站台门系统整体安全完整性等级，并采用激光雷达、视频图像等站台门与列车间隙探测先进技术，适应全自动无人驾驶运行需求和发展；改进站台门绝缘材料性能和门体表面绝缘处理工艺，提升乘车安全性和运营维护便捷性；进一步优化站台门系统设计，推进站台门灵活开启功能的研究和实践，适应多种车型和车辆灵活编组的需要；加强站台门门体结构模块化设计研究和应用，推进安装工艺标准化，简化工程实施；加强站台门故障诊断与安全预警系统的研究与应用，推进站台门智能运维、物联网系统的建设和应用；结合多媒体、视窗技术的发展，拓展站台门门体作为广告等媒介的发展空间。

6.6.5 自动扶梯与电梯

细化和完善重型自动扶梯和重型自动人行道的关键技术，提升主要关键部件技术性能，进一步提高设备运行可靠性和安全性，并结合电梯群控技术的应用，适应城市轨道交通站城一体化、深埋车站的建设需求；加强自动扶梯、电梯故障诊断与安全预警系统的研究和应用，完善在线监测和故障诊断专家系统功能，推进智能运维、物联网系统的建设和应用。

7 运营与维保

7.1 运营指挥与服务

7.1.1 打造新型城市轨道交通综合运维平台体系。运营服务与维保应聚焦调度指挥、综合服务、车站管理、维修管理、安全应急处置、碳排放测算等方面的智能化平台建设。

7.1.2 构建网线一体化调度指挥平台。加快调度指挥系统硬件云化、调度指挥系统软件微服务化、架构扁平化、调度指挥系统平台化。

7.1.3 推进调度指挥系统二维向三维模式转变，发挥数据分析技术、人工智能算法的优势，加快调度操作的简化性。推进单线调度指挥向网络化调度指挥迈进，继续推进网络化专业调度指挥向集成调度转变。

7.1.4 推进调度指挥系统数字化转型，加速推进调度指挥系统数据安全一体化、加强采集层、平台层、展视层数据安全性；加速推进调度指挥系统的基础操作系统向工业化安全操作系统转化。

7.1.5 推进调度指挥系统工业化进程，研究调度指挥系统与工业物联网融合技术。提高调度指挥系统的时效性，充分利用定位技术、可视化技术、数据分析技术、人工智能技术，发挥基础设备的主动管控性，保障轨道交通高效运营。

7.1.6 实现运能精准投放的调度指挥智能化。通过线网客流的精准预测及车站、列车各区域客流情况的实时监测和预警，采取行车间隔、交路、编组实时动态灵活调整措施，实现实时客流和线网运能的精准匹配。

7.1.7 研究网络化电力调度方法，形成主变电所区域化调度，进一步增强供电可靠性，提升电能质量。

7.1.8 构建智能化的综合服务平台。在多元化票务的基础上，实施基于"无感支付"票务模式，开发"线上＋线下"的便利票务设施及一体化智慧安检快速通行；在站内丰富的资讯信息的基础上向站外资讯延伸，建设线网资讯发布平台，开发多元的地铁APP资讯及引导信息，实现站内站外资讯发布统一管理；实现乘客需求精准定位，实现线上精准服务推介功能，线下品牌／经营活动联动功能。

7.1.9 打造无人值守的车站管理平台。车站管理由"单站管理"向"区域化管理"方向发展，最终实现部分车站"无人值守"，形成车站设备设施集约化管理及站务运作远程操控模式。客流组织实现自适应的联动功能，包括自适应行车－客运联动及自适应乘客信息诱导。

7.1.10 构建智能联动的安全应急救援处置平台。加速调度指挥与保障系统融合，利用统一的信息基础平台，设置集成化全覆盖的车站、车辆、段场安防监控系统，实现即时预警、应急预案生成、线网级点、面设备设施联动和人员联动、信息统一发布。

7.1.11 打造文化城轨。通过主题列车、车站公共艺术、城轨IP等艺术表现手段，展现地铁文化。

7.2 维护保障

7.2.1 形成城轨装备智能化运维生产组织模式。推广轨道交通全生命周期的智慧化的综合运营维修管理一体化平台，统一管理流程，统一数据生产标准、交付标准、服务标准，对数据进行空间化、结构化数据管理存储，实现长期可持续的数据维护。

7.2.2 建立移交标准体系，为设计、施工模型的移交以及后期运维的空间数据管理提供统一的软件定义指导标准，为未来的运维过程提供标准化平台。

7.2.3 构建设备设施综合检修管控平台。逐步由线路到线网全面建模，全面感知设备设施的实时状态，实现设备设施的技术与安全状态判定和隐患挖掘，实现自动化检修设备的作业计划编制、多线路多专业检修工单的自动发布、备品备件的采购与存放计划、检修设备设施的配置计划、检修质量和人员的评价等智能化功能。

7.2.4 研究制订机电设备"状态修"模式与修程。逐步改变现行的"计划修"维修运行体系，过渡到根据设备的实时状态数据驱动维修程序。

7.2.5 研制一批适用于城轨智能化运作的专用和综合的检测装备和专业分析软件。在机电设备及系统自检功能的基础上，加速研发具有在线检测、智能巡检、无人机及快速处置功能的装备以及多专业综合、智能的专用检测装备。

7.3 既有线效能提升

7.3.1 完善网络布局。通过增建联络线、局部线网优化、设备改造等措施，实现跨线运行，降低路网换乘系数，提高线网直达性。

7.3.2 优化资源共享布局。通过增加增设联络线、信号互联互通、车辆关键标准统型等措施，实现网络车辆资源高效调配；通过调整车辆基地布局、检修布局、供电网络布局、调度网络布局等措施，实现网络车辆基地、主变电所、控制中心的高效共享。

7.3.3 既有线路提质增效。通过缩短行车间隔、扩充编组、修建复线等措施，打通线网运能瓶颈，疏通线网堵点，提升核心区段运能；通过线路提速、车辆提速、减少无效停站时间等措施，提升整体旅行速度。

7.3.4 提升重点车站疏散能力。通过站台改造、增设楼扶梯、乘客服务设施布局优化、客流流线优化等措施，消除站内拥堵状况。

7.3.5 优化运营组织方式，深度进行客流分析，通过越站运行、不对称交路运行、灵活编组运行等方式，更好地匹配客流需求，提高运行效率、实现节能减排。

7.3.6 构建智慧城轨。提升轨道交通科技化、信息化水平，实现智能客服、智能运行、智能维修、智能管理。

7.3.7 提升既有线服务品质，以全出行链多样人群全覆盖的服务理念，对出行全过程服务及既有线车站服务设施进行综合技术改造。

7.3.8 推动既有线站城融合，通过出入口改造、新增规划微中心、站内设施优化升级等一系列站内外改造措施，推进既有线站城融合，打造轨道上的都市生活。

7.3.9 既有车辆基地土地再利用，通过延伸线新增车辆基地进行功能置换、利用建设时序差腾出部分基地，实现对具有开发价值的既有车辆基地进行综合开发，提高土地复合利用价值。

7.3.10 研究既有线不停运情况下轨道、车站、结构、系统的改造技术。

8 综合专项技术

8.1 TOD综合开发

8.1.1 站城融合，带动沿线城市发展。以TOD开发模式推进土地综合开发，引导人口、产业和技术等各类要素集聚，使轨道交通沿线建设成为践行新型城市化模式、促进产业结构转型升级的主要载体，促进人口导入和新兴产业发展，为城市持续发展提供优质的空间保障。

8.1.2 集约用地，完善片区规划功能。轨道站点与周边用地结合、功能复合、资源共享，构建立体集约的用地开发模式，提升核心空间土地使用强度，形成交通圈、商业圈、生活圈相互融合的一体化格局。TOD专项规划纳入线网规划同步研究，对站点选址、土地范围、资源布局进行提前规划。

8.1.3 交通一体，构建多维衔接体系。对外交通层面，实现与城市综合交通的网络融合，挖掘客流潜力，促进站点及周边区域交通平衡发展；接驳交通层面，针对站点客流特征，统筹规划各类接驳设施，构建立体的慢行衔接体系，拓展轨道交通服务半径。

8.1.4 以人为本，塑造高品质城市空间。打造活力开放的公共空间体系，协调站点与周边区域的风貌形象；推进轨道交通附属设施与地面景观建筑等城市空间有机整合、全面消隐，提升区域的整体环境品质。

8.1.5 拓展经营，促进轨道交通可持续发展。通过基础设施建设撬动全片区价值提升，鼓励轨道交通建设规划与物业开发并行，以轨道交通一体化开发收入反哺轨道交通建设运营，促进轨道交通可持续发展。

8.1.6 规范流程、建立综合开发配套标准。研究制定适宜的

TOD开发配套政策及标准、实施办法、设计导则。包括：科学确定用地和建设规模，合理安排适宜的TOD功能，配置完善的配套服务设施，实现安全便捷的交通系统，打造与城市相融的景观环境，建立前瞻性的工程预留方案，完善轨道交通TOD全流程设计和标准体系，建立一体化项目运营后评价机制。

8.2 数字城轨

8.2.1 推动基于BIM技术的三维参数化协同设计，实现数模一体、图模一体及设计施工一体化；按照参数化设计、运算化设计、衍生式设计的发展路径全面推动性能化设计，提高设计过程中机器运算的参与程度，提高设计效能及服务品质。

8.2.2 开发BIM技术在各阶段的应用场景，促进BIM技术与云计算、物联网、人工智能、大数据等信息化技术的集成应用及与业务的深度融合，充分挖掘融合应用价值。

8.2.3 研究数字化转型背景下，基于理念升级及手段更新后的管理模式提升，拓展网络化、可视化、智慧化的管理手段，强化信息管理平台的应用，提高管理精度及效益。

8.2.4 推动行业经验的数字化封装，营造行业的知识管理环境，充分利用数字化、信息化、智能化等技术手段对工程各阶段的各类型知识进行收集、治理、封装、共享、应用，提高行业知识的结构化、场景化、智慧化应用水平。

8.2.5 研究基于虚拟建造技术的集成项目交付（IPD：Integrated Project Delivery）模式，促进BIM技术应用与IPD综合项目交付的深度融合，通过IPD项目交付提升BIM技术的应用效益，通过BIM技术助力IPD项目交付的落地、推广。

8.2.6 研究BIM技术与预制构件、3D打印等装配式技术的结合应用，深入推动建筑工业化在城市轨道交通领域的广泛落地；推动BIM模型与时间（BIM4D）、成本（BIM5D）等维度信息的深度集成及融合应用；推动3D激光扫描、机器人智能放样等与BIM模型的结合应用，促进施工质量及效率的提升；研究基于

BIM 的工程数字化移交，提升工程竣工移交的准确性及时效性。

8.2.7 搭建城市轨道交通数字化、信息化、智慧化标准体系，强化标准的顶层设计与相互兼容，深化标准层面的国际交流与合作，注重国际、国内标准的协调性，充分发挥标准对轨道交通行业数字化转型、智慧化提升、融合性创新的支撑引领作用，为行业高质量发展保驾护航。

8.2.8 基于行业组织信息需求、资产信息需求、项目信息需求、交换信息需求，开展全周期信息编码体系的标准制定及实施推广，实现工程全生命期内基于 BIM 模型的信息流转、共享、集成与应用，并定义、开发与行业需求相适应的共享数据环境。

8.2.9 研究 BIM、地理信息系统、物联网等技术的集成应用及与城市信息模型（CIM）的深度融合，将城市轨道交通工程纳入整个城市实体的数字化重构体系，集成城市级的现状数据、建设数据和运营数据，纳入智慧城市场景，融入智慧城市建设。

8.2.10 丰富智慧城轨建设场景，研究各智慧场景的关联逻辑，推动基于全面感知的场景自动触发，促进地铁运行智慧大脑的研发及落地；推动 BIM 技术在资产管理系统中的融合应用，实现城市轨道交通资产的动态可视化管理，提升管理效益；搭建运维知识库，建立关键设备故障诊断树，优化设备修程、修制，推动设备的全生命期健康管理。

8.2.11 推进城轨云建设的标准化进程，推动微服务架构下技术中台、数据中台、业务中台、人工智能（AI）中台等建设的规范化进程，建立标准体系，将多元数据变成标准数据体系，推动数据在行业内的共享、开发及应用，塑造智慧城轨跨界生态圈及产业链。

8.2.12 融合统一开发要求，统一的对外开发生态和开发服务，提供完整的 SDK、API 接口协议、建模工具、数据转换工具等，可实现大规模的应用场景快速开发、迭代和上线。

8.2.13 推进数模分离、数据转换、生产工具、空间计算服务、场景管理引擎、轻量化 SDK、任务流引擎等关键技术在城轨数字化中的应用。

8.3 RAMS（可靠性、可用性、可维修性、安全性）

8.3.1 推动RAMS工程在城轨交通的应用。利用示范工程，充分体现RAMS工程在城轨交通全生命周期中提质增效的优势和好处，为进一步大面积推广RAMS工程打好基础，逐步形成适合中国国情的RAMS工作程序手册、数据库和信息平台。

8.3.2 推进建设智能化机电设备和数字化运维系统与RAMS共享数据平台。通过智能化机电设备和数字化运维系统为RAMS应用积累数据和信息反馈，形成"信息反馈，闭环控制"，保证RAMS的基础数据来源的时效性。

8.3.3 应用RAMS工程推动城轨交通"最小化系统"的设计。根据设备参数和系统要求，对供电系统、信号系统、通信系统等既有的常规方案进行RAMS工程评估，在安全、可靠前提下，对备用模式、产品性能等进行详细分析，以投入产出比最优为目标，优化系统备份方式、降低系统设备要求，达到降本增效的目标。

8.3.4 在工程设计中引入RAMS，提升对运维的更科学和有效的指导，减少运维阶段的人力、物力、备品备件的费用，降低整体运营成本。

8.3.5 推进城轨装备制造企业RAMS技术的应用水平，实现RAMS技术应用的产品技术数据积累。与国际接轨，推动中国相关企业走出去。

8.4 安全韧性

8.4.1 城市轨道交通的安全韧性是指系统自身能够有效抵抗、吸收来自外部与内部的冲击和压力，能在遭受重大灾害后维持系统的基本功能和结构，并具有灾后快速恢复、进行适应性调整的能力。

8.4.2 形成工程建设安全可控的技术体系和控制标准，运用全域感知、AI＋万物互联、大数据与深度学习构建智能化风险（源）识别、预警和应急救援平台，从建设全过程提高对重大安全风险防范和协同控制的能力。

8.4.3 建立建设安全协同技术保障体系，进一步推行安全风险分级管控与隐患排查治理机制，稳步提升安全运行水平。

8.4.4 依托海量监测、预警数据、事故案例等信息，深度挖掘各类型信息关系，建立多维数据结构，构建多源信息耦合结构、地层安全状态评估标准和综合预警标准。

8.4.5 基于物联网、GNSS、云计算及信息通信技术等构建地质灾害监测、分析、预报预警和应急服务于一体的信息化、智能化和可视化服务平台，实现灾前、灾中、灾后全生命周期动态管理，全面提升对突发性地质灾害的分析、预警、处置和服务的能力，为政府相关部门进行地质环境与地质灾害决策管理和社会服务提供技术保障。

8.4.6 应用防坍塌预测预警技术。采用地震波CT探测获取地层波速，通过地震波波速、波速梯度等与冲击危险性密切相关的特征参量，预测潜在的危险区域。应用GIS技术与水文地质、水文监测结合进行隧道水害防治和动态管理。

8.4.7 推动无人化和可视化安全技术应用。树立"机械化换人、自动化减人"科技强安的理念。采用视频图像人员跟踪定位技术监控危险区作业人员和作业设备。利用人工智能技术，逐步降低人工巡检劳动强度。

8.4.8 建立建设与运营一体化的应急救援体系和智能化精准管控平台。基于BIM、大数据、智能化、移动通信、云计算等技术，分类研究事故与应急的场景构建设计、AI训练样本，构建智能分析预警模型、物联网协同控制模型等，建立强大的安全监管、智慧运维和应急救援指挥系统，实现安全信息互联共享，提供险情和应急处置的辅助决策支持，提高精细化、精准化安全监管水平。

8.4.9 建立针对城市轨道交通运营基础设施及周边管网的监控

体系，通过智慧化手段对线路、轨道、路基、桥梁、隧道、车站等基础设施开展运营检查、运营监测与状态评价等工作，掌握运营基础设施的技术状况及安全状态，保障安全运营，不断提高运营安全管控水平。

8.4.10 制定精细化养护运维的管理体系，研究快速修复工艺，加快形成病害治理、应急救援的成套化技术和装备。

8.4.11 开展安全知识、避险、防范、逃生的科普活动。各地适当开放安全体验馆和应急基地，让市民体验城市轨道交通各种灾害发生、预警、应急的模拟仿真场景，了解避险、逃生的基本技能。

8.5 振动噪声综合控制

8.5.1 研究城轨振动噪声全过程控制技术。研究"车辆－轨道－结构－基础－地层－敏感点"的振动传播机理，建立振动噪声预测、减振降噪设计、产品检验、监测、后评估的全过程振动噪声控制技术，加强建设期及运营期对控制措施有效性的管控，形成体系性振动噪声全过程控制成套技术。重点研究列车振动噪声主动控制技术、转向架屏蔽板技术、矮声屏障应用技术、桥梁结构振动与声学优化技术、隧道结构减振技术、地层隔振技术、受振体减振降噪技术等。

8.5.2 研究快线减振降噪技术。以保证轮轨平顺性和动态稳定性为目标，研究各速度等级的轮轨平顺性指标体系，研究快线车辆轨道结构设计技术，开展振动源强、噪声源强的预测、传递特性研究，开发与之相适用的减振降噪产品。

8.5.3 研究车辆基地上盖物业开发减振／震与降噪综合技术。研究车辆低速运行条件下的振动、噪声源强特征，从时域和频域角度，剖析复杂结构体系下的振动噪声影响特性，同时结合上盖物业开发的抗震性能，开发双控型减振降噪技术与产品。

8.5.4 研究车轨频率规划理论。以攻克车辆多边形和钢轨波磨诱因为目标，在车辆各构件频率规划设计的基础上，将轨道的频率纳入车轨共振体系一并研究，提出分析方法，形成技术分析软件，规范车辆、轨道各构件的固有频率范围。

8.5.5 研究途径隔振的理论和方法。研究隔振沟、隔振排桩等传播途径的减隔振技术、参数和方法，推进途径隔振技术应用。研究敏感建筑物和敏感仪器设备主动减隔振技术。

8.5.6 推动振动、噪声的预测、治理从振动、噪声分开向联合方向转变，研究两者间在产生机理上和治理措施上的相关性。推动高架、场站开发等结构类型的列车振动减隔振和地震减隔震技术相关性的研究以及各种产品的开发。

8.5.7 形成统一、完善的轨道减振降噪产品检测与评价方法，建立轨道产品检验认证制度。